Edda Singrün-Zorn

Die Brücke über die Zeit

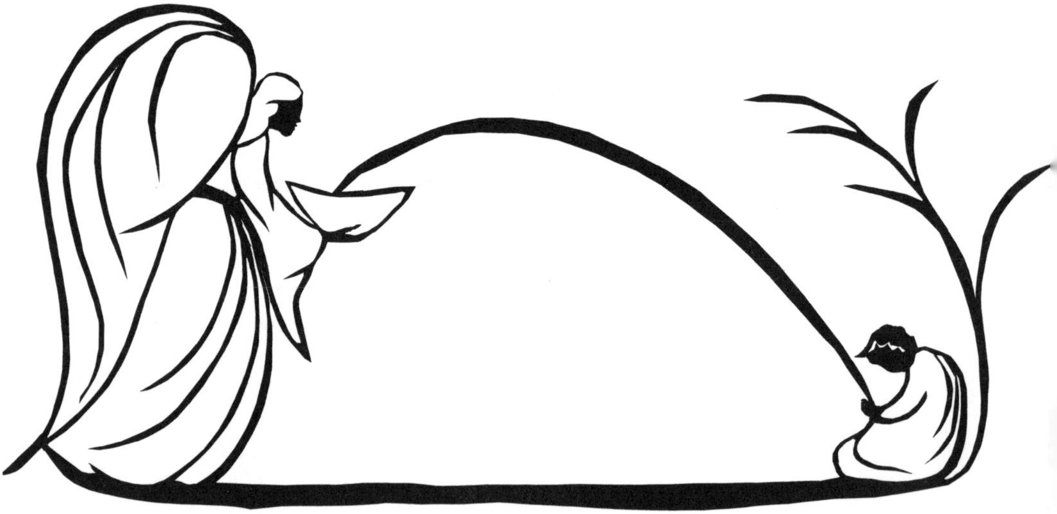

Edda Singrün-Zorn

Die Brücke über die Zeit

Gedanken und Gedichte
über die Zauberkraft
der Phantasie

Mit Scherenschnitten der Verfasserin

Urachhaus

ISBN 978-3-8251-7681-5

Erschienen 2009 im Verlag Urachhaus
www.urachhaus.com

Umschlagabbildung: Lesser Ury, Waterloo – Brücke bei Nebel, 1926 (Ausschnitt)
Umschlaggestaltung: U. Weismann
Gesamtherstellung: Freiburger Graphische Betriebe, Freiburg

Inhalt

Vorwort

Wort und Bilder, Bild und Worte,
locken euch von Ort zu Orte,
und die liebe Phantasei
fühlt sich hundertfältig frei.
J. W. Goethe

Die »Phantasei«, wie Goethe sie hier nennt, fühlt sich frei – und sie macht den frei, der ihr Zutritt verschafft, der auf sie hört und sich öffnet. Sie beflügelt unser Denken und Fühlen, sie dringt durch Mauern und Kerkergitter und verlässt uns auch in größter Armut nicht. Sie fordert nicht, sie gibt.

Fordert sie wirklich nicht? Ohne große Geste, still und leise verlässt sie uns, sobald wir die Freiheit, die sie schenkt, missbrauchen, missachten, denn die Phantasie bedarf der Wirklichkeit, ja sie entsteht aus dieser. Die Phantasie entsteht aus den Dingen, aus den Wesen, sie wächst aus ihnen empor, aus dem Sichtbaren und dem Unsichtbaren. Wir haben die Schauenden zu sein, die Hörenden, die Fühlenden. Wir sind die Findenden, nicht die *Er*findenden, denn so wir erfinden, werden wir zum Phantasten. Geschieht uns das, stellen wir uns nicht unter das Gesetz der Beschränkung, wird sich die Phantasie zurückziehen – und vielleicht nie wiederkehren.

Doch die Phantasie hat einen Begleiter, der mit ihr wandert, weil er ihrer bedarf, um lebendig zu bleiben, bunt und voller Abwechslung, wie das Leben selbst. Und das ist die Erinnerung! Wie wäre Erinnerung ohne Phantasie? Grau wäre sie, tot, ein fest geschriebenes Nachschlagewerk von Erlebtem, mehr nicht. Mit der Phantasie aber wird sie zum Brunnen, dessen Wasser fließen, durchwogt von den Lichtern der Phantasie, durchzogen vom zarten Gewölk ihrer Düfte, umschmeichelt und angerührt vom Raunen ihrer Gedanken. Die Erinnerung wird durch die Phantasie zum Brunnen, aus dem auch die Nachfolgenden schöpfen und sich nähren, oft ohne es zu merken. Die Phantasie ist und bleibt ein Teil der Schöpfung und so wahrhaftig, klar und geheimnisvoll wie diese. Sie umweht Erdball, Kosmos – und damit auch uns mit ihrem himmlischen Atem.

Die unsichtbare Gabe

Schläft ein Lied in allen Dingen,
die da träumen fort und fort,
und die Welt hebt an zu singen,
triffst du nur das Zauberwort.
Joseph von Eichendorff

Es war an einem Tag im Paradies, Gottvater erging sich in seinem herrlichen Garten, als er einen Engel gewahrte, der, eine Schale im Arm, über die Wiesen schritt. Hin und wieder verhielt er bei einer Blüte, einem Gräslein oder einem niederen Gebüsch, strich sacht mit geöffneter Hand darüber hin und legte, was er genommen, in seine Schale. Da setzte sich der Herr auf einen Stein und sah dem Engel zu. Dieser beugte sich zu einem Käfer, nahm ihn auf, neigte sein Ohr, griff behutsam, was er gehört, und legte auch das zu dem Übrigen. Er war so vertieft in sein Tun, dass er den Schöpfer erst bemerkte, als dieser ihn zu sich rief.

»Ich sitze hier schon eine ganze Weile und schaue dir zu. Du nimmst und sammelst Dinge, die nur wir beide sehen können, deine Schale muss nahezu halbvoll sein. Warum sammelst du Unsichtbares, und für wen?«

Der Engel hob sein leuchtendes Antlitz und mit einem feinen Lächeln antwortete er:

»Ich nehme mir von jeglichem aus deiner Schöpfung, was hinter ihm steht. Nicht den Duft der Blüte, nicht das Gewisper der Gräser sammle ich, sondern was hinter dem Duft, was hinter dem Gewisper webt und lebt, erbitte ich mir, und es hat sich noch keiner verweigert, denn sie wissen alle, dass die, zu welchen ich ihre Gabe bringe, dieser bedürftig sind.«

»Und wohin wirst du die Gaben bringen?«

»Ich trage sie ins Reich der ungeborenen Seelen. Dort werde ich sie ausstreuen, und jede Seele, die mit ihren rosigen Händen etwas davon erhascht, wird es bergen in ihrem Innern als einen unverlierbaren Schatz. Diesen Schatz wird sie mit sich nehmen durch alle Zeiten, als ein Stück des Paradieses, aus dem sie einst kam. Sie wird tief eindringen in die Wesen, wird das Gesamte wahrnehmen, denn jedwedes Geschöpf, ob Tier, Pflanze, Stein oder Kristall, wird ihr zuraunen, was es im Innersten bewegt. Diese Seelen werden sehen und hören, was nicht jedem bemerkbar und vernehmbar ist, denn sie haben innere Augen zu sehen und innere Ohren zu hören. Die Menschen werden diese Gabe *Phantasie* nennen und als eine Kraft erkennen, welche sie auch in schwärzester Finsternis nicht verlässt.«

Voll Freude blickte der Herr auf seinen Engel und murmelte: »Ja, ja, und hättet Ihr der Liebe nicht«, denn es war nicht Paulus, dem dieser Satz als Erstem einfiel, Gott wusste ihn schon von Anbeginn. Darauf segnete er den Engel und dieser wanderte weiter mit suchenden Blicken. Keine Pflanze übersah er, nicht das winzigste Gewürm entging ihm, er umfing das Lied der Vögel, den weichen Flügelschlag der Falter, das Rauschen der Bäume, das Murmeln und Raunen der Wasser, und zuletzt stieg er auf ins All, in das Reich der Sterne und Planeten. Er lauschte dem gewaltigen Gesang der Sonne, den geheimnisvollen Träumen des Mondes, dem silbernen Lied der Sterne und den Äonenerzählungen der Planeten. Und alles, was er erlauschte, nahm er mit sich, bis die Schale angefüllt war bis zum Rand. Da bedeckte er sie mit der Weite seines Ärmels, auf dass ihm auch ja nichts verloren ginge von dem wertvollen Gut. Danach flog er in das Reich der ungeborenen Seelen und verschenkte dort, was er in Paradieseshöhen liebend gesammelt.

So kam die Phantasie zu uns Menschen, die wundersame Zauberkraft aus himmlischen Gefilden.

Schläft ein Lied in allen Dingen,
die da träumen fort und fort,
und die Welt hebt an zu singen,
triffst du nur das Zauberwort.

Unser Leben ist voll von solchen Zauberworten, ob es das Pfefferkorn ist, diese winzige Kugel, welche die Kraft besitzt, uns binnen Minuten durch die halbe Welt zu tragen; die Sprache der alten Frau, die imstande ist, ein weites Land vor uns auszubreiten, oder ob der Name »Elsass« genügt, ein ganzes Buch aufzuschlagen, angefüllt mit Bildern und durchzogen von einer tiefen Liebe – immerzu gelingt es einem Klang, einem Wort, uns fortzuführen über Meere und Gebirge.

Ein jedes Leben ist beschenkt mit Zauberworten, nur ihre Fülle ist nicht gleichermaßen verteilt, denn, wie Eichendorff sagt: Das Lied *schläft* in den Dingen … aufwecken müssen wir es schon selbst, und das gelingt dem einen leicht, und der andere muss sich darum mühen. Manch einer aber hat den kleinen, goldenen Schlüssel verlegt oder gar verloren, der die geheimnisvolle Türe öffnet in

jenes Land, das uns niemand verwehren kann, kein Neider, kein Diktator, und das wir jederzeit frei betreten dürfen, selbst, wenn wir hinter Kerkermauern sitzen.
Deshalb, lassen wir uns nicht beengen von verständnislosen Blicken, wandern wir los, meine Freunde, wandern wir los!

E.S.Z. 2004

Das Pfefferkorn

Ja, wäre nur ein Zaubermantel mein!
Und trüg er mich in fremde Länder.
J. W. Goethe

Nichts, das ist sicher, ist klein und unbedeutend genug, um nicht einen Fächer zu entfalten, der bestickt, bemalt, angefüllt ist mit Bildern. Du stehst in der Küche, bereitest das Abendbrot an einem nüchternen Werktag. Vor dir auf dem Brett ein Stück Salami und du schneidest sie sorgfältig in hauchdünne Scheiben. Da fällt dein Blick auf eine Kugel, du bohrst sie vorsichtig mit dem Messer heraus, lässt sie in deine geöffnete Hand rollen, und dort liegt sie, schwarz, fettglänzend, verströmt ihr herbes Aroma und zwingt dich, deine Arbeit zu unterbrechen und auf den Flügeln der Gedanken zu enteilen.
Pfeffer – Cayenne – Frankreich. Sonne gehört zu der Landschaft, die sich vor dir ausbreitet, tiefblauer Himmel, flimmernde Luft,

der Geruch nach Meer, nach Lavendelfeldern, durchmischt vom Duft heißen Öles in der Pfanne, Bergen reifer Melonen und schwarzglänzender Muscheln auf den Verkaufstischen. Zwischen allem toben dunkelhäutige Kinder und deine eigenen, haselnussbraun mit sonnengebleichten Haaren. Wenn du den Blick hebst, siehst du weit draußen den schneeigen Wellenschaum der See und je nachdem, wie die Sonne darauf fällt, werden die blitzenden Kristallkronen zu flüssigem Gold. Am Horizont gleiten die weißen Segel der Schiffe dahin, wie die Schwingen riesiger Schwäne steigen und sinken sie lautlos in einer Harmonie, auf der das Auge ruhen darf.

Du wendest das Pfefferkorn hin und her: »Geh hin, wo der Pfeffer wächst«, konnte die Mutter sagen, wenn sie sehr ärgerlich war. Schon früh hat mich die Frage beschäftigt, was für ein Land das wohl sei, in das man geschickt wurde, wenn einen keiner mehr haben wollte. Ein Land, angefüllt mit unbotmäßigen, aufsässigen Menschen, und voll von ungebärdigen, ungehorsamen Kindern. Unterhaltsam und lustig musste es dort zugehen, denn eines war mir damals schon klar, dass das Unbotmäßige abwechslungsreicher und phantasievoller ist, als das Brave, Angepasste. Und trotzdem brachte dieses seltsame Land ein Gewürz hervor, das so wertvoll war, dass man es im Mittelalter mit Gold aufwog, wie der Vater mir erzählte. Ein Gewürz, mit dessen Hilfe die Mutter die feinsten Gerichte herstellte, und das alleine genossen derart schauderhaft schmeckte, dass man es gleich wieder ausspie.

Ich habe Bücher gewälzt und Atlanten und konnte doch nichts finden, als eine Gegend der glühenden Hitze, palmenbewachsen, in der Menschen die Früchte des Pfefferstrauches pflücken, Menschen, so ebenholzschwarz wie das Pfefferkorn selbst. Und jene ferne Insel fand ich, meerumspült, öde und abgeschieden vom Leben, wohin man die Verbrecher brachte, die Verfemten, die auch keiner mehr haben und sehen wollte, die Insel ohne Wiederkehr, Cayenne.

Noch immer liegt das Pfefferkorn in meiner Hand. Behutsam setze ich es hinein, woher ich es genommen. Rund und wohlgestaltet glänzt sie mich an, diese unscheinbare Kugel, und doch ist es ihr gelungen, mich im Bruchteil einer Stunde um die halbe Welt zu tragen – eine Zauberkugel, nicht größer als eine Linse. Welch eine Kraft im kleinsten Ding.

Und, wenn ich nun zum Anfang des Kapitels zurückgehe, dann stelle ich fest: Ich brauche keinen Zaubermantel, ich nicht, mir genügte eine kleine, schwarze Kugel, denn:

Eine kleine, schwarze Kugel
öffnet meine Seele weit,
eine kleine, schwarze Kugel
führt mich fort durch Raum und Zeit.
Sie erzählt mir ohne Stimme,
singt ein Lied mir ohne Ton,
und trägt mich auf starken Armen
über Berg und Meer davon.

Der Weihnachtsteller

Warum singst du noch
dein leises Lied,
da doch die Posaunen schon
erklingen?
Warum zieht es dich
zu stillen Dingen ?

Ihrer Seele mangelt
die Gewalt.
Nicht der Dämon,
der die Welt umkrallt:
Leises wird
den letzten Sieg erringen.

Erika Beltle

Sobald der Weihnachtstag naht, steigen bei uns die Weihnachtsteller aus den Tiefen des Schrankes auf, wo sie das Jahr über lagern.

Jeder hat seinen bestimmten Nagel, denn die Bilder, die sonst hier hängen, müssen ihren Platz räumen bis zum 6. Januar. Es sind der Teller viele geworden im Laufe der Zeit, da jeder einen bekommt zu seiner Geburt oder sonst einem wichtigen Lebensereignis. Blauweiß sind sie alle, aber ein jeglicher hat sein eigenes Gesicht, ein fröhliches, ein gemütvolles, ein besinnliches, wie ja auch die Menschen verschieden sind, denen sie zugehören.

Nur einer fehlte in der Runde, der Teller für den Vater. Er ist geboren im Jahr des großen Krieges, im Jahr 1939, und damals hatte man andere Sorgen, als einen Weihnachtsteller zu erstehen. Bis mir eines Tages eine Notiz in die Hände fiel: »Weihnachtsteller aus alten Beständen zu veräußern«. Mir brannte zwar die Julisonne auf den Nacken, also von Weihnachtsstimmung keine Spur, aber man soll ja nach vorne blicken – und so schrieb ich hin.

Es war schon später Herbst, da überreichte mir der Postbote ein sorgsam verschnürtes Päckchen. *Vorsicht, zerbrechlich!* stand drauf. Das wird doch nicht?

Oh doch, er war es! Vorsichtig schälte ich ihn aus seinen zahlreichen Umhüllungen, hielt ihn in Händen – und alles in mir und um mich veränderte sich auf seltsame Weise. Still wurde es in der Stube, still und dämmrig, eine schwache Glühbirne brannte, die Fenster, dicht verhangen, ließen keinen Lichtschein nach draußen fallen. Öffnete ich jetzt die Türe, so wusste ich auch die Straße dunkel, denn alle Laternen waren erloschen. Und dann kamen sie, die Schatten, durch die geschlossene Türe, umringten mich, ohne mich zu ängstigen, denn ich kannte sie alle, wir hatten hier zusammen gelebt, in diesen Straßen, in unserem kleinen Vorort – bis sie fortziehen mussten und nicht wiederkamen – verdorben, gestorben – wie es im Liede heißt; der eine in Polen, der andere in Frankreich, einer in Afrika, einer unter dem Polarstern, die meisten in den Weiten Russlands. In der halben Welt suchten die Gedanken nach denen, die mir einmal vertraut waren. Noch immer hielt ich den Teller in Händen, diese blauweiße Zauberschale. Dabei ist gar nichts Besonderes an ihm: Verschneites Land, im Hintergrund ein Berg, im Vordergrund ein Tännling, und das alles in einem fahlen, verwaschenen Blau gehalten, kein Kunstwerk, das die Nachwelt aus den Fugen rüttelt – aber der es schuf, besaß etwas, was man auf keiner Akademie erlernen kann. Er besaß eine Tiefe des Erlebens, des Empfindens, ein Eintauchen in die Stimmung dieser Zeit, und die Gabe, alles zusammen festzuhalten in einem Stück Porzellan. Wie ihm das gelungen, bleibt sein Geheimnis, wie es auch ein Geheimnis bleibt, dass all das Vergangene, Verborgene sich frei schwebend aus dem Teller erhebt und die ganze Stube samt mir in den Bann zieht, heute noch, nach beinahe einem halben Jahrhundert. Und damit nicht genug, jeden Christabend wiederholt sich dasselbe: Wir stehen in stummem Schauen, und uns umfängt das Heimweh, die Sehnsucht, die Einsamkeit all der sechs düsteren Winter, getragen von den Wünschen und Hoffnungen, aber auch der Verlassenheit und Trauer, Tausender in aller Welt, auch der Großvater ist darunter, den die Enkel nicht erleben durften, weil ihn der große Orlog verschlang.

Lange stehen wir Hand in Hand, und vor unserem inneren Auge füllt sich der fahlblaue Himmel über Berg und Tännling mit Engeln, Sie breiten segnend die Arme und singen ein Trostlied über das Erdenrund, denn nie haben wir Engel nötiger denn in der Dunkelheit eines Krieges. – Der Weihnachtsteller aber ist eine Kostbarkeit, und verstehen, wirklich mit dem Herzen verstehen, kann ihn nur, wer in jenen Jahren lebte.

Malexander

Ehemals wusste ich nicht, dass Buxtehude ein Ort bei Hannover sei. Später hielt ich Buxtehude für eine Traumstadt, erfunden von einem dunkel murmelnden Geschichtenerzähler. Endlich erfuhr ich von der südwestlich von Hamburg liegenden Stadt. Da begriff ich: Es gibt eben zwei Buxtehude, eines als geografischen Ort, ein anderes als jenes große, schöne, leicht verhangene Land, wo alle Fabel- und Musenorte liegen: Die Eichendorff-Dörfer, die Kannitverstan-Stadt von Hebel, das Wirtshaus im Spessart von Hauff. Alle diese und noch andere, herrliche und heimliche Gefilde sind buxtehudische Traumstädte und Fluren, buxtehudische Musen – und Seelenorte.
Friedrich Schnack, Buxtehuder Taschenbuch

Malexander ist eine Kleinstadt in Schweden, eine Kleinstadt ohne Besonderheit, sie liegt gegen Süden zu, abseits der großen Straßenader, die das Land durchzieht. Warum Malexander trotz seiner Schlichtheit hier erscheint, hat seinen Grund. Der Grund ist eine kleine Begebenheit, die, wie ich meine, dort und sonst nirgends hätte geschehen können.

Es war ein lauer Abend, als ein Mann und eine Frau vor ihrem Ferienhäuschen saßen, die Ruhe und Stille genießend und die durchsichtige Helle eines nördlichen Sommers. Plötzlich knackte es im Unterholz und heraus trat ein junger Elch. Unsere beiden peilten aus den Augenwinkeln die nächste offene Tür an, denn mit einem Elch ist nicht zu spaßen, wie jeder weiß, der schon einmal einem in freier Wildbahn begegnet ist. Dieser hier hatte friedliche Absichten, vielleicht war er auch noch unerfahren, jedenfalls blieb er stehen mit gesenktem Kopf und glotzte vor sich hin. Und schon wieder war ein Geräusch zu vernehmen, es keuchte und schnaufte.

»Aha, die Alte sucht ihren Sohn«, flüsterte der Mann. Aber was um die Ecke bog, war keine Elchkuh, sondern eine Frau, die schwer atmend den einsamen Waldpfad entlang trabte. Mitten auf dem Weg blieb sie stehen, wischte sich den Schweiß von der Stirn und frug in biederem Deutsch: »Bitte, geht es hier nach Malexander?« Und die Angesprochene, da in beiden Sprachen zu Hause, antwortete in ebensolchem Deutsch: »Ja, das ist der Weg nach Malexander.« Kurzes Danke, kurzes Kopfnicken, und sie trabte unverdrossen weiter, nicht im Geringsten verwundert, dass ihr im tiefsten, schwedischen Urwald jemand auf Deutsch antwortet, wenn sie auf Deutsch frägt – und dicht neben ihr steht der Elch, glotzt und glotzt, ohne dass sie ihn auch nur annähernd wahrnimmt. Und so friedlich wie dieser kam, wendet er seinen dicken Kopf und trollt sich zurück ins Dickicht. Zurück bleiben unsere beiden und das Lachen schüttelt sie, dass sie fast keine Luft kriegen.

Jedes Mal, wenn ich seitdem den Namen Malexander höre oder lese, muss ich an jene Geschichte denken, aber nicht nur an sie. Ich sehe das einsame Haus auf seiner sonnigen Lichtung unter dem hellen Himmel, über den weiße Sommerwölkchen ziehen, ich höre die Schafe das kurze Gras raufen, die Vögel singen, ich wandere über den schmalen Weg, der durch einen Wald führt, düster, wild und undurchdringlich – dass hier Trolle hausen sollen, verwundert niemanden. Ich pflücke die Beeren vom Wegrand und am Ende des Pfades stehe ich an dem See. Die alten, hohen Bäume spiegeln sich in ihm, das Gewölk, das darüber hinfliegt, und ich tauche ein und schwimme weit hinaus in dem weichen, dunklen Moorwasser. Ich sehe uns bis in die Nacht vor dem Haus sitzen, während die Sterne über uns kreisen, der Sichelmond auf den Wipfeln steht und im nahen Wald der Kauz ruft.

Was für ein Land, das in stiller Bescheidenheit eine solche Fülle verschenkt – was für Menschen, die in ihrem tiefgründigen Humor sich, über eine Geschichte, wie die erzählte, noch nach Jahren, Tränen in die Augen lachen – und welch ein Zauberwort ist Malexander.

Der Ameisenkönig

Ich kehre in mich selbst zurück,
und finde eine Welt.
J. W. Goethe

Ihre Geburtsstunde kenne ich nicht, sie ist für mich so wenig von Interesse wie die ganze Sippschaft jeher gewesen. Schon als Kind habe ich ihnen keine besondere Zuneigung entgegengebracht, obwohl sie allenthalben Vorgärten und Gärten bevölkerten. Dort bewohnten sie eigens dafür gebaute Grotten oder Erdhöhlen, sie trugen Laternen in winzige Tannengehölze, hielten ihre Angelruten in künstliche Seen oder hockten ganz einfach im Rasen oder unter Blumenbüschen, rotbemützt, verschmitzt lächelnd, bescheiden und einigermaßen wohlgestaltet. Sie waren aus Gips und bemalt – die Gartenzwerge. Dann kam irgendein findiger Kopf auf den Gedanken, sie aus Plastik zu gießen und das ist ihrem Aussehen gar nicht gut bekommen. Aus ihrem verschmitzten

Lächeln wurde Grinsen, aus ihren kleinen, lustigen Augen grellblaue Kugeln, die einen anglotzten, aus ihrer stämmigen Gestalt Dickwanste, die einen feisten Bauch vor sich her schoben, kurz, waren sie zuvor schon keine Zierde gewesen, jetzt waren sie nur noch hässlich. Wen mag es da wundern, wie wir uns entsetzten, als unser Sprössling im zarten Alter von fünf Jahren nur einen Wunsch hatte – einen Gartenzwerg. Als er unsere völlig entgeisterten Gesichter sah, setzte er vorsichtig hinzu: »Aber einen schönen.«

Das war leichter gewünscht denn erstanden. Wo sollte man bei dieser Fülle an abnormer Scheußlichkeit einen schönen Gartenzwerg hernehmen? Aber, da gab es doch die Freundin, sie war Keramikerin, ob sie vielleicht? Wir redeten mit Engelszungen, denn auch sie hatte keine Liebe zu Gartenzwergen, nein, die hatte sie wirklich nicht – aber sie fühlte Verantwortung für die Kunst im Allgemeinen und für die Entwicklung eines Kindergemütes im Besonderen. So begann ihr Schöpferwerk. Und eines Tages brachte sie ihn, sorgsam eingehüllt in eine alte Decke, den Ersten, den Einzigen, gewissermaßen den Adam der Gartenzwerge. Unaufdringlich in Farbe und Form, ein liebes Lächeln in seinem bärtigen Wichtelgesicht, in der einen Hand eine Eichelpfeife, auf dem Kopf die unvermeidliche Zipfelmütze und an den Füßen gemütliche Pantoffeln. Rundherum ein Erdgeist, wie ihn die Märchen beschreiben. Wir liebten ihn sofort. Unser Söhnchen bekam feuchte Augen vor Freude, was die Schöpferin für alles entschädigte, und trug ihn sogleich in den Garten an einen verschwiegenen Ort, unter den Hamamelisbusch, auch Zaubernuss geheißen. »Da können sie sich was erzählen«, meinte unser *filius* ernsthaft, und das haben sie wohl auch getan, in eisigen, blauschimmernden Winternächten und in heißen Sommern. Bis zu jenem verhängnisvollen Tag, an dem das Töchterchen des Nachbarn mit einer Schar Kindern in den Garten gespült wurde und ihn entdeckte. Und da, wie behauptet wird, die Weiblichkeit allem Geruhsamen, Beschaulichen abhold sei, und es unter die Fittiche einer unentwegten Betriebsamkeit nimmt, so stürzte sich die Kleine auch gleich mit Entzückensschreien auf ihn. Sie steckte ihn kopfüber in den Brunnen, um ihn gründlich zu säubern, rieb ihn mit ihrem Taschentuch trocken, fütterte ihn mit Grassalat und legte ihn letztendlich unter seinem Hamamelisstrauch schlafen. Wann das Unglück geschah, weiß ich nicht, entweder sie fasste ungeschickt zu, oder er hat ihn abgeworfen, aus Protest oder Angst, wie die Eidechse ihren Schwanz abwirft, jedenfalls verlor er einen Fuß mitsamt dem Pantoffel. Ich fand ihn am Abend beim Aufräumen, brachte ihn an einen sicheren Ort – und vergaß darauf.

In den letzten Herbsttagen entdeckten wir unseren hinkenden Wichtel im kurz gewordenen Gras, trugen ihn ins Haus, um ihn wieder in Besitz all seiner Gliedmaßen zu bringen, und dort, auf dem Küchentisch entleerte er sein Inneres mit einer Lebendigkeit, dass wir alle Mühe hatten, ihrer Herr zu werden. In seinem hohlen Bein und Bauch hatte sich ein Ameisenvolk häuslich eingerichtet. Als endlich das ganze Gewimmel samt seiner sandigen Behausung in den Garten geschaufelt, die hohle Leiblichkeit gereinigt und der Pantoffelfuß fachmännisch angeklebt war, da hatte unser Zwerglein seinen Namen weg, er hieß »Der Ameisenkönig«. Und jedes Mal seitdem, wenn sich eine winzige Ameise in meine Küche verirrt, sehe ich die blondhaarige Nachbarstochter vor mir, die inzwischen selber Mutter ist, und jedes Mal dann taucht das Gesicht des Ameisenkönigs auf, lächelnd zu allem, was ihm geschieht, ob es Winterfrost ist oder Sommerhitze, abgeworfene Füße oder Ameisen in seinem Innern. Und jetzt begreife ich erst richtig das Goethewort, das ich, mehr aus dem Gefühl heraus, an den Anfang setzte: »Ich kehre in mich selbst zurück, und finde eine Welt.« Unser Gartenwichtel ist und bleibt der Inbegriff geruhsamer Lebensbetrachtung und Lebensweisheit, eine Welt in sich. Und manchmal meine ich, er hebe seinen erdfarbenen Finger und mahne mich, es ihm gleichzutun.

E.S.Z. 2004

Die Bänder-Gret

Hörst du eine Sprache, hörst du ihren Klang,
schon ziehst du mit ihr ferne Wege entlang,
du wanderst und wanderst mit träumendem Blick,
und kehrst reich beschenkt zu dir selber zurück.

Es ist ja nicht allein, dass stumme Dinge reden, hin und wieder geschieht es, dass wir Bilder sehen und fremde Laute hören, während uns jemand etwas erzählt. So erging es mir mit einer alten Frau. Wir begegneten uns einige Male im Jahr beim Einkaufen, aber es war anfänglich nicht mehr als ein flüchtiges Wahrnehmen. Jetzt, beim Schreiben, sehe ich sie vor mir: Sie war klein, dürr und so verhutzelt, dass man meinte, sie zähle an die neunzig Jahre. Das Einzige, was dem widersprach, war ihr Gang. Mit weit ausgreifenden Schritten kam sie daher, der reich gefältelte Rock schwang um die Beine, und der Zipfel ihres Kopftuches, das sie Sommer wie Winter trug, hüpfte dabei auf und nieder. Längere Zeit grüßten wir uns nur mit Kopfnicken, ehe wir ein Wort miteinander wechselten. Eines Tages sprach sie mich an, warum, weiß ich nicht, vielleicht fühlte sie sich einsam und wollte nur mit einem Menschen reden.

Sie frug mich nach meinem Alter, nach dem Mann und den Kindern, ich antwortete und frug auch sie, eigentlich mehr aus Höflichkeit denn aus echtem Interesse. Und da geschah mir, warum sich die Geschichte hierher verirrt hat, in dieses Büchlein der stillen Dinge, obwohl sie, wie man im ersten Hinschauen meint, gar nicht hierher gehört.

Die Alte erzählte: Eine Händlerin ist sie gewesen, eine, die noch mit dem Buckelkorb über die Dörfer zog und auf die Einödhöfe. Nähgarn hat sie verkauft, Knöpfe, Nadeln, bunte Tücher und Bänder, seidene, samtene und auch schlichte aus Kattun. Ein mühseliges Geschäft, denn in einer Gegend, in der die Orte Elend, Sorge oder Linsenburg heißen, ist das Geld selten scheffelweise zu verdienen. Sie machte eine Pause und seufzte kummervoll. Margarete hatte man sie getauft, die Bänder-Gret hieß sie darum landauf und landab. Sie erzählte weiter in der schwer verständlichen Mundart ihrer Heimat, und während sie erzählte, breitete sich das Land vor mir aus. Es war ein stilles Land, weit und schier unbegrenzt. Und ich sah sie wandern mit ihrem Korb auf dem Rücken, durch düstere Wälder, über sonnige, blühende Wiesen, über Hügel und durch Täler, von Dorf zu Dorf, von Hof zu Hof.

Ich sah sie am Rand eines Baches sitzen und ihre heißen, müden Füße im klaren Wasser kühlen, oder in einer dämmrigen Bauernstube den Cafe aus einer großen, bauchigen Tasse schlürfen, während die Bäuerin in Bändern und Tüchern kramte.

Ich sah sie durch den bunten Herbstwald laufen, wenn der Oktoberwind das Laub vor ihr hertrieb und die Altweiberfäden um die Büsche flogen. Ab und zu bückte sie sich und schnitt sich einen Pilz aus dem Moos, das gab eine schmackhafte, geschenkte Mahlzeit.

Ich sah sie durch den Schnee stapfen unter einem grauverhangenen Dezemberhimmel, vorbei an weiß vermummten Bäumen, und ich fand sie in der Adventszeit auf einem der vielen Weihnachtsmärkte ihr Tuchzeug auslegen, dazwischen ein bisschen Christbaumflitter, Spielkram für die Kinder und im Hintergrund ein Becken voll glusender Holzkohle gegen die grimmige Kälte. Am Christtag kehrte sie zufrieden heim mit fast leerem Korb und feierte mit der Tochter ein stilles, bescheidenes Fest, um sich danach einzuwintern bei häuslicher Arbeit.

Ich hörte Vögel singen, Flüsse rauschen, Bäche murmeln und den Wind in den Wipfeln raunen. Ich roch den Duft frisch gemähter

Wiesen, die Nebelfeuchte des Herbstes, ich roch Lebkuchen und den Rauch des Holzkohlenfeuers der Weihnachtsmärkte – während mir die Augustsonne auf den Rücken brannte, Autos an uns vorbeiflitzten – und die Alte erzählte und erzählte …

Die Bänder-Gret ist lange tot, aber noch heute steht sie vor mir, bis heute ist mir ihre Heimat vertraut, bis hin zum Ton ihrer Sprache, als wäre ich viele Male dort gewesen und hätte sie doch nie wirklich gesehen. Diese kleine Frau hat auf ihren knochigen Schultern nicht nur einen Buckelkorb durch die Jahre geschleppt, sondern an jenem Augusttag ihre weitläufige Heimat in unsere Straße gezaubert.

Geliebtes Land

Ein Liebesbrief an das Elsass

Magische Gegenden sind unzerstörbar. Die Hände der Vernichter reichen nicht über ihre Grenzen. Keine Wut kann sie austilgen, kein Hass veröden, kein Krieg sie umpflügen. Ihr Erdreich ist unverletzbar. Vor ihren Schlagbäumen scheiden sich die Geister.
Friedrich Schnack

Es gibt Länder, denen gehört unsere Liebe, und fragte uns einer nach dem »Warum« – könnten wir ihm einen Grund nennen? Sicher, viele Gründe: Berge, Täler, Hügel, ein ruhig dahinfließender Strom, ein quirliger Bach, das helle Grün eines Buchenwaldes oder das Dunkel der Tannen, Burgen und Schlösser, oder die Stille alter Kirchen und noch vieles, vieles mehr, nicht zu vergessen seine Menschen, verschlossene und heitere, wie die Landschaft sie geprägt. Aber ist das schon alles, ist es das, was uns dieses Land zum geliebten Land macht? Oder ergeht es uns mit ihm wie mit einem Menschen, den wir finden, ohne ihn gesucht zu haben? Und auch

das stimmt nicht, wir suchten ihn ein Leben lang, nur, das wissen wir erst, wenn er vor uns steht.
Solch ein Land ist für mich das Elsass. Dass ich es gesucht, merkte ich erst, als ich es schon liebte. Und was tut unsereiner mit einer Geliebten? Ein Maler malt sie, ein Bildhauer meißelt sie aus dem Stein oder gießt sie in Bronze, ein Musiker komponiert ihr Lieder, vielleicht sogar eine ganze Oper, wem aber all diese Gaben abgehen, der schreibt über sie, an sie, für sie, einen Liebesbrief an das Elsass, lasst mich beginnen.

Bei Wissembourg fahren wir über die Grenze. Wir sind in Frankreich, ja, gleich zu Beginn meiner Liebesbezeugungen muss ich mir ein Generalpardon einholen: Diese Geschichte wird, wie die Liebesbriefe aller Zeiten, eine ganz persönliche Geschichte werden. Beileibe nicht jeder wird die Geliebte mit denselben Augen sehen wie ich, dieselben Eigenschaften an ihr entdecken, darum *excusez*, wenn ich bei Wissembourg Frankreich schreibe, locker fließt mir der französische Name aus der Feder, denn hier ist für mich Frankreich, die Wissembourger mögen es mir verzeihen, auch die Haguenauer, wann's beliebt. Das Elsass beginnt für mich weiter südlich, so um Zabern herum. Nun ist es geschehen, Zabern, Saverne, der französische Name verweigert sich, und das hat nichts mit Politik zu tun, und schon gar nichts mit Nationalismus. Es ist eine Sperre, hinter deren tiefen Sinn ich, trotz Nachdenkens, noch nicht gekommen bin. Das Elsass war und ist für mich weder französisch noch deutsch, das Elsass ist elsässisch. Ganz gleich, welche Flaggen an Feiertagen aus den Fenstern hängen, oder welche Zöllner meinen *passeporte* verlangen, meine liebenden Augen sehen dieses Land einzig in seiner eigenen Gestalt. Schon die Sprache ist weder das eine noch das andere, kein Franzose wird sie verstehen, ohne wenigstens ein bisschen Deutsch zu können, kein Deutscher sie begreifen, ohne etwas Französisch zu parlieren. Wie sagte doch der alte Bauer zu seinem *filius*, als ich mich in Wantzenau mühte, meinen kleinen Koffer in den Bummelzug zu schleppen. »Jangela, hilf doch sellere madmosell ihre valisele enilupfe.«

Da haben wir's! Einem »Nur«-Franzosen«, einem »Nur«-Deutschen müssen wir übersetzen: »Jeannot, aide-donc cette demoiselle a monter sa petite valise« oder: »Hänschen, helfe doch jenem Fräulein, sein Reisetäschchen hineinheben.«

Ein Elsässer braucht keine Übersetzung, er ist in beiden Sprachen zu Hause und hat sich seine eigene daraus gebaut. Und jetzt purzeln mir die Beispiele, die Erinnerungen aus der Feder, dass ich Mühe haben werde, sie geordnet einzusammeln.

Da ist das *croissant*, ein zutiefst französisches Gebäck, genau wie das *baguette*, aber langsam, zuerst das *croissant*; wenn Madame mich frug: »Mademoiselle Edda, wöllet sie un croissant?«, so hätte sie mich verständnislos angeschaut, wenn ich antwortete: »Ja gerne, aber das ist ein Hörnchen.« Ein *croissant* ist kein Hörnchen, ein *croissant* ist ein *croissant*, ob wir es in Paris essen oder in Straßburg. Ein Hörnchen ist deutsch, daher kann es auch altbacken werden, ein altbackenes *croissant* ist ein Stilbruch, genau wie ein altbackenes *baguette*. Womit wir beim *baguette* wären, beide, das *croissant* und das *baguette* sind schnelllebige Gebäcke, frisch müssen sie genossen werden, knusprig müssen sie sein, um ihren wahren Wert zu entfalten. Und dann, haben Sie schon einmal beobachtet, wie Franzosen und Elsässer ihre *baguettes* nach Hause tragen? Unter dem Arm, die Mitte umwickelt mit Seidenpapier, der Hygiene wegen. Versuchen Sie einmal, Gleiches mit einem biederen deutschen Brotlaib, und es kann Ihnen ergehen, wie Peter Rosegger, dem der Laib abhanden kam, und – so ungeschlacht und schwer wie er war – im Davonrollen ein Zicklein erschlug. Erschlagen Sie einmal mit einem *baguette* ein Zicklein! Einen Maikäfer können Sie vielleicht damit tatschen oder eine Fliege, aber das ist unappetitlich und niemand käme auf solch einen abartigen Gedanken. Was bitte, werden Sie fragen, hat das alles mit dem Elsass zu tun? Der Elsässer liebt nicht nur sein *baguette*, frisch, knusprig und französisch, er liebt auch seinen Münsterkäse, und das ist die andere Seite seines Wesens, denn der Münsterkäse ist nicht knusprig, hat auch keine schlanke Taille, noch ist er im geringsten kapriziös. Breit und vollreif liegt er vor uns und ihm entströmt ein Duft, ein Duft – manche behaupten, er stinkt, aber das ist bösartig – ein Duft nach sattgrünen Wiesen, nach Erde, übertönt von dem Geläut der Herdenglocken, man könnte romantisch werden bei diesem Duft. Aber es ist keine französische Romantik, es ist die andere Seite des Elsässers, deren Wurzeln über dem Rhein liegen, mehr östlich, denn der Elsässer ist ein Dreifachwurzler, westlich, östlich und in der Mitte, und die Mitte – das ist eine Pfahlwurzel, die Mitte, das ist seine Lebenswurzel, die Mitte, das ist er selbst. Frei will er sich entscheiden, welcher der beiden anderen Wurzeln er sich bedient. Eigenwillig ist er, mitunter auch eigensinnig, wie der alte Herr, an den ich jetzt denken muss. Er war Elsässer, durch und durch – und – er war Tierarzt, das heißt, er sagte natürlich nicht Tierarzt, er sagte veterinaire, nein, er sagte auch nicht veterin*aire*, sondern er sagte *vet*erinaire, er betonte auf der ersten Silbe, denn er war Elsässer. Er nannte sich Monsieur veterinaire, wobei er den Monsieur auf der zweiten Silbe betonte, also französisch, und den veterinaire auf der ersten.

Nun werden Sie fragen, wo bleibt das Deutsche an ihm? Langsam, kommt gleich, nie hätte er gesagt: »Ich muss *une vache* operiere«, er operierte immer eine Kuh, da war er so deutsch wie sein Familienname, den ich hier verschweigen will. Nun musste er des Öfteren aus Berufsgründen ins Tiermedizinische Institut nach Basel, also über die Grenze, und das war allemal eine Heimsuchung für ihn und für die Zöllner, die er zutiefst verabscheute, ganz gleich, welche Uniform sie trugen. Hier konnte er, der fließend französisch und fließend hochdeutsch sprach, plötzlich, von einer Minute auf die andere, beide Sprachen nicht mehr verstehen, das heißt, er war schlagartig ertaubt. Eines Tages war es dann soweit, wie man sagt, das Maß war voll. Die Zöllner, ob deutsche oder französische ist ohne Bedeutung, baten ihn höflich aber bestimmt ins Amtsgebäude und befahlen ihm, sich zu entkleiden: Leibesvisitation! Und in eben dem Augenblick befiel Monsieur sein altes Leiden der Gehörlosigkeit. Die Zöllner jedoch durch Amtseid an Konsequenz gebunden, konnten nicht mehr zurück, der Befehl, einmal gegeben, musste ausgeführt werden. Da aber ihr Delinquent sich nicht von der Stelle rührte, begannen sie ihm Faden um Faden vom Leib zu ziehen, bis er splitternackt vor ihnen stand – und – sie fanden nichts, was ihre Laune keineswegs verbesserte. Und, so bellten sie unwirsch, er möge sich bedecken. Monsieur zuckte die nackten Schultern und ließ sich lächelnd auf einem Stuhl nieder. Die Zöllner versuchten es mit Höflichkeit, mit Bitten, und riefen in ihrer

Verzweiflung den Sohn zur Hilfe, der im Vorzimmer des Vaters harrte. Als dieser den Raum betrat, donnerte ihn der alte Herr an: »Fils, blieb wo du bisch, rühr die net vom Flack. Die hen mi abzoge, die solle mi öi wieder anleye!« Und der gehorsame Knabe trollte sich und überließ die Zöllner den – im wahrsten Sinne des Wortes – nackten Tatsachen. Ein Amtszimmer ist schließlich kein FKK-Strand, was sollten sie also tun, wollten sie nicht bis zum Sankt Nimmerleinstag einen nackten Veterinär bei sich beherbergen? Sie mussten also zur Selbsthilfe greifen, und wie sie ihn ausgezogen, so mussten sie ihn wieder anziehen, nur in umgekehrter Reihenfolge. Sogar die Schuhe hat er sich zubinden lassen. Darauf lüpfte er höflich den Hut und mit einem freundlichen »*sa*lü« – Betonung auf der ersten Silbe – verließ er das Lokal. Nie wieder hat ihn ein Zöllner befragt, er hätte getrost ganze Rinderherden über die Grenze schmuggeln können. Aber genau das wollte er nicht, denn der Elsässer ist eine grundehrliche Haut, deshalb mag er es auch nicht, wenn man sich in seine innersten Angelegenheiten mischt, und seine Ehrlichkeit ist eine davon.

Die andere ist seine Sprache. Er liebt das Kopfhüs in Kolmar, aber er liebt nicht das *maison de la tête* oder das Kopfhaus. Das eine ist ihm zu nüchtern, das andere zu grob. Das Kopfhüs aber ist ein wenig verspielt, ein wenig heimelig, phantasievoll und künstlerisch, kurzum, von jedem soviel, wie es braucht, um eine Persönlichkeit zu sein. Das Kopfhüs ist elsässisch. Es gäbe noch manches dieser Beispiele, lassen wir's bei dem einen.

So liegt es vor uns, dieses Land, vielfältig wie seine Sprache, vielfältig wie seine Menschen, vielfältig in seiner Natur. Auch hier finden wir von jedem etwas: Liebliche Täler mit blumenübersäten Wiesen, sonnendurchglühte Rebhänge, einsame, verträumte Seen, helle Wälder, dunkle Wälder, und die herbe, urzeitliche Schönheit der Vogesen, die sich im Herbst die großen Sterne der Silberdisteln wie einen Königsmantel um die felsenen Schultern legen. Irgendwo im blauen Dunst der Ferne grüßt der Turm einer alten Kirche und über allem zeichnet ein Raubvogel seine Kreise in den klaren Himmel, gelassen, ruhig, ein Inbegriff der Freiheit. Das sind die Bilder und Geschichten, die vor mir stehen, wenn ich an dieses geliebte Land denke, mein Ohr an seine Brust lege, meine Grüße über den Rhein schicke und Land und Menschen wünsche, dass sie immer das sein dürfen, was sie sind.

Die Straße

Du kannst immer wieder den gleichen Weg gehen,
aber nie denselben, denn zwischen jedem
liegt ein Stück deines Lebens,
liegt ein Stück Entwicklung.

Es gibt eine Straße in der Stadt meiner Kindheit, keine besondere Straße, eher eine unauffällige, alltägliche, mit fünfstöckigen, alten Häusern zu beiden Seiten und vielen Fenstern. Im Sommer brütet die Hitze zwischen den Hauswänden und im Winter hocken Schatten und feuchte Kälte in ihren Winkeln. Nichts ist dazu angetan, bestimmte Bilder, besondere Gefühle in einem Menschen wachzurufen, und doch wiederholt sich immer wieder dasselbe, wenn ich sie durchlaufe, ganz gleich, wie lang ich ihr fern war.
Ich war so um die elf Jahre, als wir in einem der großen Aufmärsche jener Zeit durch diese Straße zur Stadtmitte zogen. Hart klirrten die Schritte der Jungen auf dem Pflaster, Fanfarenstöße durch-

schnitten die Luft, durchmischt mit dumpfem Trommelwirbel. Aus allen Fenstern hingen Fahnen und unzählige Menschen – da schob sich der Zug um eine Ecke und ich konnte ein langes Stück davon überschauen – ein brauner weißgesprenkelter sich windender Wurm – mir lief ein Schauder über den Rücken und mich fror trotz der glühenden Hitze. Das Gedicht »Der Totenwurm« von Rudolf Herzog fiel mir ein, das ich in einem alten Buch gefunden, und das Grauen, das mich damals beim Lesen befallen, ergriff mich von Neuem, obwohl mir nur noch einige Zeilen in Erinnerung waren:

»Zwei Meter tief, einen halben breit,
gebuckelt, gekrümmt in gesprenkeltem Kleid,
schiebt sich die Schlange durch schlüpfrigen Grund,
beißt sich hinein und ringelt sich rund,
schnellt gradeaus in wilder Gebärde,
der Totenwurm in Frankreichs Erde.«

Was dann folgte, ging wie ein Schatten an mir vorüber, die drangvolle Enge auf dem großen Platz, die zündende Rede eines Mannes, nichts blieb, nur dieses grässliche Bild des schleimigen, riesigen Gewürmes hielt sich.

Es gab kein Vergessen, es gab kein Entrinnen, es half nur Verdrängen – ich mied diese Straße, so gut ich konnte.

Viele Jahre später fuhr ich mit Freunden wieder in die Stadt. Ein Krieg drohte, und wir fühlten uns aufgerufen, ihn zu verhindern. Wieder formierte sich ein Zug, wieder wanderten wir zur Stadtmitte, wieder durchliefen wir jene Straße. Beklommen erwartete ich die bekannte Ecke, was würde ich sehen? Das Gewürm jenes Jahres schob sich zwischen mich und die Gegenwart, ich hatte Angst, den Blick zu heben, und tat es dann doch. Kein Wurm, ein breites, bewegtes, buntes Band bog zur Stadtmitte ein. Ein Lied kam auf, ein schlichtes Lied, ein englisches Lied. Wer die Sprache nicht kannte, summte mit, und viele kannten die Sprache nicht, denn es waren Menschen um mich, Menschen von rund um den Erdball – und alle hatten die gleichen ernsten Augen und den gleichen leisen, leichten Schritt. Kein harter Tritt klopfte auf das Pflaster, keine Fanfarenklänge zerrissen die Luft, keine Fahnen flatterten im Wind, aber die Menschen aus den Fenstern oder am Straßenrand winkten uns zu, wenn sie sich nicht einfach einreihten und mitliefen.

Die Andern sangen noch immer, aber mir war der Hals wie zugeschnürt, die Beine wurden bleischwer, jeder Schritt war eine Qual.

Am liebsten wäre ich geflohen, heraus aus dieser Straße, weg von ihren Häusern, fort von den Bildern der Vergangenheit – und doch, der Wurm hinderte mich, der Wurm kroch hinter mir, ich hörte kein Lied mehr, ich hörte sein schabendes Geräusch. Den Wurm, diesen Wurm galt es zu überwinden – und so schleppte ich mich weiter, es war ein Bußgang, und einen Bußgang muss man zu Ende bringen.

Auf jenem großen Platz hielt niemand eine zündende Rede, sondern alle beteten, jeder mit den Worten seines Glaubens – auch jetzt versagte mir die Stimme, doch Gott hört auch die Gedanken.

Seitdem meide ich die Straße nicht mehr, obwohl es den Wurm noch immer gibt, nur, durch das Wehen des bunten Bandes wurde sein Schaben leiser, es klingt wie ein Mahnen – die Straße ist zur Mahnerin geworden.

Der Teigschaber

Wenn wir das Kleine nicht erkennen,
werden wir auch das Große nie richtig begreifen.

Jeder weiß, was ein Teigschaber ist: Ein kleines, handliches Gerät, um Teigreste aus der Schüssel oder vom Backbrett zu kratzen. Früher war er aus Zelluloid, der Teigschaber, heute ist er aus Plastik, in jedem Falle ist er unscheinbar und sicher nicht sehr phantasieanregend, denkt man.

Aber genau das stimmt nicht, auch ein Teigschaber kann Zauberkräfte entfalten, kann Bilder entstehen lassen, die unverlierbar in uns ruhen, um aufzusteigen, sobald wir dieses profane Ding auch nur ansehen. Solch einen Schaber besitze ich, und wenn ich die Schublade aufziehe, um ihn in Gebrauch zu nehmen, geschieht immer wieder dasselbe: Ganz gleich, ob es Frühjahr, Sommer oder Herbst ist, sooft ich nach dem Teigschaber greife, dreht sich die Jahresuhr auf den 24. Dezember. Nicht auf irgendeinen 24. De-

zember, sondern auf einen ganz bestimmten. Nie wieder habe ich vorher, nie wieder danach etwas Ähnliches erlebt.
Schon am Morgen war das Thermometer auf 15 – 18 Grad geklettert und am Mittag lachte die Sonne von einem strahlend blauen Himmel. Irgendwann packte uns der Vater ins Auto und fuhr in die nahe gelegene Kleinstadt, um Vergessenes einzukaufen. Die alten Gassen und Plätze waren angefüllt mit lachenden, schwatzenden Menschen. Sie gingen hemdsärmelig oder zumindest mit offenem Mantel. Sie atmeten Frühlingsluft aus allen Kleiderfalten und Hautporen, was auch kein Wunder war, denn in manchen Gärten blühten bereits die Forsythien und die ersten Krokusse. Auf dem Marktplatz stand eine hohe Tanne, bestückt mit Kerzen. Sie nahm sich seltsam genug aus, genau wie die Christbaumkugeln der Weihnachtsdekorationen, in denen sich statt Kerzenlicht die Sonne spiegelte. Das ganze Städtchen befand sich in ausgelassener Osterstimmung, nur war offenbar vergessen worden, den ganzen Weihnachtsflitter rechtzeitig abzuräumen. Unsere vier Kinder segelten frühlingstrunken von einer Straßenseite zur anderen, nicht zu bändigen in ihrem Übermut, bis uns der Vater durch die Drehtüre eines Kaufhauses schob, bevor wir beide den Überblick gänzlich verloren. Die übrige Familie entschwebte zu ihren Einkäufen und ich blieb allein in der Eingangshalle zurück. Da entdeckte ich

ihn, den Teigschaber, bescheiden und harmlos lag er auf einem Haufen von Backformen, zum Ausverkauf bereit. Seine Zeit war um, die Weihnachtsbäckerei abgeschlossen. Richtig, heute war ja Christtag – den Umstand, so unwirklich er war, musste ich mir gewaltsam ins Gedächtnis rufen. Jetzt fiel mir auch ein, dass mein Schaber die weihnachtliche Backorgie nicht überlebt hatte und mir unter den Händen zerbröselt war. So griff ich mir das Ding, bezahlte und trottete mit den andern zum Auto.

Auf der Heimfahrt schwiegen wir, nur unser Jüngster maulte seufzend: »Das ist vielleicht ein doofer Tag, mir ist kein bisschen nach Weihnachten.«

Langsam sank die Dämmerung über die Stadt, denn auch das unsinnigste Wetter kann die Jahreszeitenuhr nicht anhalten, die Sonne geht unter, wie es ihr Gebot ist. Bevor wir die Läden schlossen, traten wir noch einmal vor die Türe. Es war kühler geworden, der Orion stand über den Dächern und um ihn her die Unzahl der Sterne. Es wurde still um uns, in uns, und plötzlich, heimlich, unvermutet war er da, der Heilige Abend. Keiner wusste später zu sagen, wie es geschehen, ob er von den Sternen herabgekommen oder aus uns aufgestiegen, er hüllte uns ein in seinen Zauber, ein Zauber, dem kein Irdisches anhaftet, der sich aus dem Himmel über den ganzen Erdball breitet, und den nichts, aber auch gar nichts vertreiben kann, solange unsere Seelen bereit sind, ihn zu spüren. Es ist ein Zauber, der keiner Winterkälte bedarf, keiner Schneeflocke, der sich erhebt über Sonnenwärme und zur Unzeit blühende Forsythienbüsche – ein Zauber, knisternd und flüsternd von Geheimem, der seinen Ursprung hat in jener Nacht vor über 2000 Jahren und seither die Erde durchweht, durchstrahlt, unermüdlich, still und doch wie alles Stille, die laute Gewalt übertönend.

Und diese Gedanken, diese Geschichte, erzählt mir, sooft ich ihn gebrauche, mein kleiner, unbedeutender Teigschaber, eines der vielen Zauberschlüsselchen meines Lebens.

Silberdisteln

Wenn hell die Amsel schlug,
ein Baum der Blüten trug,
ein Sonnenstrahl, ein Vogellied,
ist das noch nicht genug ?
Oh, achte nichts gering,
ein Wunder jeden Tag geschieht,
dem, der die Erde richtig sieht
im allerkleinsten Ding.
Gertrud Hartleb

Die Silberdistel ist eine wunderschöne, königliche Pflanze, jeder weiß das, der ihr schon einmal begegnete.
Sie besticht nicht durch majestätischen Wuchs, noch durch betörenden Duft, sie besticht durch Form und Farbe.
Im Tal und auf den üppigen Wiesen suchen wir sie vergebens, sie gesellt sich nicht gern unter ihresgleichen, die Höhen sucht

sie, die kargen Berghalden, sie ist eine Einsiedlerin, eine Einsamkeitspflanze, unnahbar und stachelbewehrt. Man kann vor ihr niederknien wie vor einer Königin und ihr Gesicht betrachten, das duldet sie, eine nähere Berührung wird spürbar verweigert, schmerzhaft spürbar. Im hohen Sommer bis in den September hinein entfaltet sie ihre glänzenden Blütensterne in der Farbe alten Silbers, umrahmt von der schönsten Blattrosette, die ich kenne. In dieser Zeit legen sich die Bergriesen das kurze Gras der Weiden um die Schultern, wie einen grünsamtenen Königsmantel, der bis zum Saum bestickt ist mit silbrigem Pflanzengestirn – ein zur Erde gefallener Sternenhimmel. Über allem ragen die felsenen Gesichter der Gebirge, zerschrundet, gezeichnet mit der Runenschrift vieler Jahrtausende.

Die Halden mit ihrem Distelgespinst verändern sich mit dem Stand der Sonne, dem Gang des Tages und dem Lauf des Wetters. Im hellen Mittagslicht schimmern sie wie ein silberner Teppich, sie verglühen im Abendrot, verlöschen hinüber in die Nacht, um im Sternenschein in blausprühende, geheimnisvolle Träume zu gleiten. Selbst Nebel und Regen können ihrer Schönheit nichts anhaben. Im Winter schläft die ganze Pracht einen keimenden Schlaf, geborgen unter dem Schnee, Tausende von Kindern im Leib der Mutter. Im Frühjahr aber, sobald das Schmelzwasser in zahllosen

Rinnsalen zu Tal rieselt, erwachen die Pflanzen noch einmal zu emsiger Tätigkeit. Mattgelber Blust bildet sich auf den fahl gewordenen Sternen, und steigt der erste Frühlingswind über die Gipfel oder das Tal hinauf, schweben ganze Wolken von Samenschirmchen über die Hänge – in verschwenderischer Fülle verschenkt die Distel Leben, ehe sie eingeht in den ewigen Kreislauf, edel bis zum Ende, in Schönheit sterbend.

Sooft ich eine Silberdistel sehe, ja selbst, wenn ich nur ihren Namen höre, ziehen Bilder vor meine Augen, die Silberdistelhänge, welche ich durchwanderte, meist im September, diesem wunderbaren Monat des späten Jahres. Die Silberdistelhänge der hohen Rhön, mit ihren Schafherden zwischen dunklen Basaltblöcken, die Silberdistelhänge der Rauen Alb, auf denen die Wacholdermännlein hocken wie Gnome, eingewickelt in die weißen Schleier des ersten Herbstnebels. Ich sehe die Silberdistelhänge der Vogesen, diesem herben, einsamen Urzeitgebirge, oder die Bergwiesen in den Alpen Frankreichs, wo der Silberschmuck der Disteln noch überhaucht ist von dem Geruch des Südens, dem Lavendelduft der Felder und dem würzigen Harzgeruch knorrig verwachsener Kiefern. Dies alles schenkt mir dieses Pflanzenwunder. In zurückhaltender Zuneigung reicht es mir das Jahrbuch seines Blumenlebens, wieder, immer wieder, und ich brauche nur darin zu blättern.

Der Fährmann

Horch, der Fährmann singt ein Lied,
seine Ruder tauchen leise,
und den Fluss herüber weht
immerfort die alte Weise:
»Ferge, fahr uns in die Weiten,
Ferge, fahr uns durch die Zeiten,
fahre uns in Himmelsfernen,
Ferge, fahr uns zu den Sternen!«

Lautlos zieht der Nachen weiter,
leis und leiser wird das Singen,
lautlos zieht der Nachen weiter,
bis die Töne fern verklingen.

Ferien, Urlaub, Vakanz ist nicht nur eine Zeit des Ausruhens, »die Seele baumeln lassen« nennen es manche. Sicher, das ist sie auch, aber eben nicht nur. Denn da gibt es Erlebnisse, die sich wie Bilder in unser Gedächtnis graben, die Vakanz, die Ferien sind nahezu vergessen, ein Schemen – aber dieses eine Erlebnis, das ist geblieben, und es genügt ein Geruch, ein Geräusch, eine Landschaft oder ein Wort, und schon bist du fortgetragen, oft über Jahrzehnte. Du bist hingegeben an dieses Geschehen, hingegeben an ein Blatt aus dem Bilderbuch deines Lebens.
Da war doch heute der Fluss gewesen, nicht ein bestimmter Fluss, sondern irgendeiner. Langsam, in ruhigem Gleichmaß zog er dahin. Ab und zu klatschte eine Welle gegen den Uferrand, nicht laut, der Fluss liebt keine lauten Töne, er raunt. Und sein Raunen schlägt eine Buchseite auf vor deinem inneren Auge:

Es war bei Kitzingen, wir kamen von einer Wanderung, rechtschaffen müde, die Cousine, meine Mutter und ich. Nur, dort wo wir hinwollten, war der Fluss, und eine Brücke gab es nicht an dieser Stelle, aber an einem morschen Baumstumpf hing eine verrostete Pflugschar, daneben ein grober Holzklöppel. Die Cousine nahm ihn hoch und schlug gegen die Schar, es gab einen eigenartig schwingenden Ton. Dann legte sie die Hände wie einen

Trichter vor den Mund und rief übers Wasser: »Hol über!« Nach einer Weile löste sich drüben am anderen Ufer ein Nachen, nicht einfach ein Boot, nein, ein richtiger Nachen, schmal und altersschwarz. Er fuhr hinein in die dunstige Abendstimmung, fuhr in das Feuerband, das die untergehende Sonne auf den Fluss gelegt. Eine dunkle Gestalt schob mit einem langen Ruder in kräftigen Stößen den Nachen vorwärts. Beinahe lautlos kam er näher.
Ich mochte damals ungefähr ins sechste Jahr gehen, aber ich erinnere mich noch genau an dieses Grauen, das in mir hochstieg. Ich konnte zwar noch nicht lesen, hatte aber offene Ohren für die Gespräche der Eltern; war da nicht die Rede gewesen von einem Fährmann im alten Griechenland namens Charon, der die Menschen ins Reich des Todes fuhr? Auch ein Bild aus einem der Bücher des Vaters stand plötzlich vor mir: Eine Gestalt in einem weiten Mantel gehüllt, die Kapuze bis über die Augen gezogen, lediglich eine weiße Hand, welche das Ruder führte, war zu sehen. Das Grausen lief mir in kalten Schauern über den Rücken, denn auch diese Gestalt hier hatte einen breitrandigen Hut tief in die Stirn gezogen. – Da bohrte sich der Nachen knirschend in den Ufersand. Der Fährmann sprang heraus und stand bloßfüßig im Wasser. Es war ein junger, braungebrannter Bursche, rotbackig und lebensvoll; Charon zerfloss in den Abendnebeln, die aus dem Fluss stiegen.

Als er uns übersetzte, schaute ich noch einmal zurück auf die Stadt mit ihren Türmen, vor allem auf den Einen, den schiefen Turm, den ich so liebte. Es stimmt nämlich nicht, dass man nur in Pisa einen schiefen Turm hat, die Kitzinger haben auch einen, nur einen anderen, denn der Kitzinger hat sich die Turmhaube schräg aufs Ohr gesetzt, und darum sieht er immer beschwingt und beschwipst aus, angeheitert durch die selige Weinlaune dieses gesegneten Landes. Und dann wandte ich mich um – dunkelrot hing der Sonnenball überm Horizont, seine Strahlen überzogen alles mit rotgoldenem Schmelz, das bronzefarbene Gesicht des Fährmannes, seinen Nachen, uns Drei, den Fluss – und wir fuhren auf diesem Lichtband dahin, mitten durch das Sonnentor, als führen wir in die Unendlichkeit. Mir wurde leicht und froh zumute, alle Erdenschwere fiel von mir ab, und mit ihr das Grauen und die Angst. Wieder riss mich das Knirschen des Nachens aus meinen Träumen, wir waren angekommen. Der junge Fährmann hob mich hoch, stellte mich ins Gras und nickte mir freundlich zu. Gesprochen hat er während der ganzen Zeit kein Wort, nur seinen Dank mit Kopfnicken angedeutet, als wir ihm seinen Fährlohn aushändigten.

Langsam stetig zieht der Fluss von den Jahrhunderten – in die Jahrhunderte – Fährleute gibt es keine mehr, sie und ihre Zunft sind untergegangen in den Wassern des Mains. Unverlierbar geblieben ist das raunende Lied des Flusses, das leise Klatschen seiner Wellen, das lautlose Dahingleiten des Nachens – mein Fährmann und das unbeschreibliche Gefühl schwebender Freiheit:

Ferge, fahr uns in die Weiten,
Ferge, fahr uns durch die Zeiten,
fahre hin in Himmelsfernen,
Ferge, fahr uns zu den Sternen.

Der Hausgiebel

Ich selbst muss Sonne sein, ich muss mit meinen Strahlen
das farbenlose Meer, der ganzen Gottheit malen.
Angelus Silesius

Ein großes Wort, ein gewaltiges Wort, beinahe vermessen erscheint es uns. Was fordert da ein Mensch – oder was traut er uns zu? Viel? Zu viel?
Und dann schaue ich aus dem Fenster, schaue auf den Giebel des Nachbarhauses – ein gewohntes Bild, gewohnt seit einem halben Leben. Ein Bild von phantasieloser, nicht zu überbietender Einfachheit.
Wirklich? Ist es so? Oder ist es nicht ganz anders?
Ist dieser Giebel nicht fester Bestandteil meines Jahreslaufes, ist er nicht meine Jahreszeitenuhr? Ohne, dass ich ihn aufziehe oder ihm irgendeine Fürsorge angedeihen lasse, läuft er in pünktlicher Regelmäßigkeit durch die Monate. Er ist verlässlich, nie muss ich

ihn suchen, denn er steht unverrückbar auf seinem Platz, bunt und voller Abwechslung. Im Januar und Februar überzuckert ihn entweder der Raureif oder er ist zugeschneit. Hin und wieder hängen Eiszapfengirlanden über die Giebelwand, eine bleiche Wintersonne spiegelt sich in seinen Fenstern, immer aber hockt um die Mittagszeit eine Krähe auf dem First, denn jetzt gehört der Giebel ihr, ihr und ihrer weitläufigen Familie.

Einige Wochen später liegt ein heller Fleck auf dem Dach, schüchtern, fast wie ein Hauch. Und nun findet sich der erste Frühlingsgast ein, die Amsel. Ich muss nicht die Blumen im Vorgarten sehen, ich weiß auch so, dass Frühling ist, die Amsel singt es mir zu, vorsichtig und noch ein bisschen ungelenk. Je wärmer die Luft wird, umso länger tönt das Amsellied, ein schmelzender Gesang, der über den Giebel hinfliegt und über die Gärten. Kein Frühjahr ohne die Amsel und ihr schwarzglänzendes, sonnenübergoldetes Gefieder.

Manchmal guckt sie zu mir herüber und flötet: »Hast du es bemerkt, es ist Frühling! Aber du kannst es ja nicht sehen, denn deine Fenster sind noch voller Winterstaub.«

Amseln können sehr frech sein. Eines Tages ist sie verschwunden, sie hat anderes zu tun. Sie muss ein Nest bauen, Eier ausbrüten und meinen jungen Salat fressen. Dafür kommt nun die Türkentaube mit ihrer zierlichen Halskrause. Sie kommt selten allein, meist bringt sie ihr Weibchen mit. Dann sitzen beide da und gurren unermüdlich, einen Sommer lang, während die Sonne glühend und rund auf den Ziegeln brennt oder sich blauschwarze Gewitterwolken überm Dach türmen. Und dann sind auch die Tauben weg und der Star kommt, der Dieb. Er schwätzt und pfeift und tut sehr wichtig, wie Leute, die nicht viel Zeit haben. So ist es ja auch, denn im September, wenn die Trauben reifen, ist er beschäftigt, mir die besten zu stehlen. Danach singt er noch ein »Danke schön«, soviel Anstand hat er schon, und schwingt sich auf in den Süden.

Die Sonne hat ihre Kraft verloren, dafür malt sie den alten Giebel golden oder dunkelrot, bis die Herbstnebel sie vertreiben und die schweren Regenwolken.

Und wieder ist das Dach bevölkert, die Spätzlein sitzen dort, kleine, zerzauste Federkugeln, zitternd vor Frost und Kälte. Missmutig schilpen sie vor sich hin. Ab und zu pickt ein ganz Mutiger an die Scheibe, um mich zu mahnen, das Futterhaus in den Garten zu stellen.

Das Jahr neigt sich, die Sonne legt sich schräg und müde auf den Giebel. Die ersten Flocken tanzen – und wiederum erscheint die Krähe, der Wintervogel. Ihr Lied ist nicht melodisch, aber umso lauter – und ich liebe sie, sie gehört zum Winter wie der Lichterbaum und die Zimtsterne zu Weihnachten. Und ohne die Krähe und ihre raue Stimme ginge meine Giebeluhr eine ganze Jahreszeit nach.

Ja, ich selbst muss Sonne sein, und schon kann ich einen farblosen Hausgiebel zum Leuchten bringen.

Das Skåneweibchen

Alles, was du siehst auf Erden,
kannst du aus dem Schlafe wecken,
kannst es tausend Sprachen lehren,
tausend Bilder ihm entdecken.

Und so bist du stets umgeben
von lebendigen Gestalten,
welche Berge, Seen, Wälder
reich in ihren Händen halten.

Ob das Skåneweibchen wirklich so heißt, wissen wir nicht, aber dass es in Skåne gebürtig ist, diesem weiten, stillen Land im Süden Schwedens, das wissen wir sicher. Von hier wanderte es hinaus in alle Himmelsrichtungen, auch bis zu uns nach Deutschland. Da steht es nun tagaus, tagein, trägt in seinen geöffneten Händen die Zeichen des Jahres: Im Frühjahr ein kleines, hölzernes Osterei, im Sommer einen bunten Blütenstrauß, im Herbst die winzigen Zäpflinge der Schwarzerle und zu Weihnachten einen goldenen Stern. Und darum lieben wir dieses ungewöhnliche Kalendarium, wir lieben und hüten es sorgsam, denn das Skåneweibchen ist aus Ton und daher sehr verletzlich.

Nun haben wir Freunde, und da wir wissen, dass geteilte Freude doppelte Freude ist, wollten wir ihnen ein Skåneweibchen schenken. So eine entzückende Spezies kann doch nicht aussterben, dachten wir, steuerten deswegen auf einer unserer Schwedenreisen einen Ort in Skåne an, mit einem für deutsche Zungen schwer aussprechbaren Namen und betraten siegesbewusst den ersten Laden. Rote Holzpferdchen gab es hier, buntbemalte Leuchter, gewebte Decken und Tischläufer, kurzum, wir waren am richtigen Platz, meinten wir. Nach unserm Wunsch befragt, fingen die ersten Schwierigkeiten an: Unser mehr als dürftiges Schwedisch reichte nicht aus, uns verständlich zu machen, die englischen Kenntnisse unseres Gegenübers waren ebenso mangelhaft. Deutsch? Fehlanzeige! So griffen wir in unserer Verzweiflung zu dem einzigen Ausweg, der blieb, wir gestikulierten, malten mit beredten Händen irgendwelche Formen in die Luft, und siehe da, das Gesicht der Dame erhellte sich, sie hatte verstanden und begann nun ihrerseits Luftbilder zu zeichnen; so und so groß, mit langem Rock, einer Schürze, spitzem Häubchen, und – sie faltete ihre Hände andächtig vor dem Bauch – einem Blumensträußchen. Doch ehe wir uns freuen konnten, folgte die Ernüchterung. Seit langem, ihre Arme zeigten in die Unendlichkeit, hatte sie keines mehr gesehen. Wird nicht mehr gemacht, Fabrikation eingestellt. Vielleicht noch irgendwo *Restposten.* Welch eine erschreckend profane Ausdrucksweise, für solch ein wunderschönes Wesen.

Wir schlichen betroffen davon und durchkämmten das ganze Städtchen, keinen Laden haben wir ausgelassen, leider ohne Ergebnis, denn wir wollten weder bemalte Blumentöpfe, noch geschnitzte Kleiderständer, wir wollten keine gläsernen Seehunde und keine binsengeflochtenen Körbe, wir wollten ein kleines, einfaches Skåneweibchen, mehr nicht. Müde und enttäuscht landeten wir schließlich in einem Andenkenladen; wenn überhaupt, dann hier, hatte man uns bedeutet. Zugegeben, seine Größe war beeindruckend, er nahm eine ganze Straßenecke ein, und auch sonst werden wir ihn sicher nie vergessen, ganz bestimmt nicht, denn er war inhaltsschwer. Die gesamte Weltbevölkerung versammelte sich hier, in Glas oder Porzellan, versteht sich. Wir fanden die glutäugige, tamburinschlagende Zigeunerin, die bescheidene japanische Mutter mit ihrem Baby auf dem Rücken, den mutigen

Torero, der einem nicht vorhandenen Stier einen roten Wedel vor die Nase hält, den braunhäutigen Indio mit Sombrero, den bayerischen Holzknecht samt Gamsbart und haarigen Beinen, den venezianischen Gondoliere, der mit offenem Mund ein unhörbares Lied singt, ja selbst der zähnefletschende Tiger fehlte nicht und die schwarzweiß gefleckte Kuh, aus deren Maul Milch fließt, falls man ihr vorher welche in ihren hohlen Bauch geschüttet hat. Ein Skåneweibchen fanden wir nicht, um ehrlich zu sein, wir suchten es auch nicht mehr. Wir flohen – und machen seitdem einen Riesenbogen um alle schwedischen Andenkenläden, um deutsche schon lange, denn der Schock sitzt tief.

Wir flohen in die Glashütten, versteckt in den dunklen Wäldern Skånes und erfreuten uns an den schön geformten Schalen, die einen wundersamen Ton von sich geben, wenn man sie mit dem Fingen antippt, an dickbauchigen und schlanken Krügen und zarten, durchscheinenden Bildern, kunstvoll in Glas geschnitten. Ein Skåneweibchen jedoch für die Freunde suchen wir noch immer. Das Unsrige aber ist und bleibt ein Zauberwesen, denn so oft ich unser Haus betrete und zu ihm aufschaue, atme ich die kühle, klare Luft seiner Heimat. Ich sehe vielfarbige Wolken über waldumsäumte Seen ziehen, höre die Stockenten im Schilf quarren, schwimme weit hinaus in dem weichen, moorigen Wasser, betrachte die silberschimmernden Birkenstämme im Morgenlicht und sehe den Sternbildern zu, die über dem nördlichen Nachthimmel kreisen. All dies, Schönes und Enttäuschendes, unendliche Weite und unbegreifliche Enge, birgt diese kleine Figur in ihren Tonhändchen.

Zwei Sterne

Als Schöpfer hauchst du Leben in ein Ding,
und wär' es noch so klein, noch so gering,
es trägt dein Abbild, denn mit Zauberkraft
hast du geheimnisvoll dein Ich erschafft.

Unser Haus wurde zwar aus solidem Backstein gebaut, ein Steinhaus also, innen aber ist es aus Holz, Holzwände statt Tapeten, Holzdecken, Holztreppen und -geländer, Holzregale und Holzschränke. Nicht nur, dass Holz einem das Gefühl von Wärme und Behaglichkeit vermittelt, es vermittelt noch etwas anderes, es vermittelt das Gefühl von Leben.
Wer in einem Holzhaus wohnt, ist umgeben von hörbarer Lebendigkeit. Das knistert und stöhnt, das kracht und seufzt und manchmal ist einem, als liefen unsichtbare Füße über Treppen, durch Flure und Zimmer. Denn es ist ja nicht so, dass ein Baum stürbe, wenn wir ihn fällen, er lebt durch Jahrhunderte und spricht

zu uns aus seinem Leib. Da sind Ritzen und Spalten, die – je nach Witterung – auf und zu gehen wie atmende Kiemen, und da ist seine Färbung, die er verändert durch den Einfall des Lichtes, durch die Strahlen der Sonne, falls wir ihn nicht im Unverstand mit Farbe zugekleistert haben. Das aber sollten wir nicht tun, weil wir damit sein Gesicht der Wandlung berauben, die Entwicklung verhüllen, ihn zum Schweigen verurteilen, und irgendwann sehen wir nicht mehr den Baum, wir sehen eine faltenlose, gleich bleibende Maske, wir sehen Schminke.

Dies alles umgibt mich, wenn ich durch unsere Stuben gehe, dies alles und noch mehr. Da sind zum Beispiel die zwei Sterne, Holzintarsien, gleich im Wort, und doch so grundverschieden im Holz, ja selbst im Ort ihrer Bestimmung. So grundverschieden wie die beiden Menschen, die sie erdachten, verschieden und doch eines, zwei Brüder im Geist, auch wenn sie das manchmal vergessen. Beide waren im selben Alter, als sie die Türen bauten, beide wählten sie einen Stern als Muster, nur eben beide den Stern, der ihrem Wesen entsprach in Form, Farbe und Holzart. Es sind Türsterne, der eine prangt auf der Türe des Uhrenkastens, der andere auf der Türe eines kleinen Schrankes.

Nun ist ja eine Uhr etwas sehr Lebendiges, Unruh nennen wir das Herz, das in ihr schlägt. Und unruhig, in immerwährender

Betriebsamkeit, ist auch der, welcher seinen Stern in die Türe des Uhrenkastens setzte. Es ist ein eigenartiger Stern, ein Stern, bei dem man meint, er explodiere unentwegt von seiner Mitte her, obgleich er doch fest auf seinem Platz verharrt. Ein Hell-dunkel-Stern, sehr weiches japanisches Weißholz, und sehr harter, fast schwarzer Palisander aus Brasilien. Ost-West, hell-dunkel, weich-hart, lauter Gegensätze in einem Stern und in seinem Gestalter.

Wie anders der Stern in der Türe eines breiten Schränkchens. Hier explodiert nichts, hier versammelt sich alles harmonisch um eine runde Mitte. Auch die Farben sind harmonisch: Heller Ahorn, hellbraunes Teakholz, dunkelbrauner Palisander. Keines dieser Hölzer ist weich, alle haben sie eine gewisse Härte, und das Teakholz, die Mitte, das Herzstück dieses Sternes, ist ein Überlebensholz, so gut wie unverwüstlich. Und auch dieser Stern zeigt uns das Wesen seines Schöpfers: Harmonisch in sich ruhend, mit starken Überlebenskräften und einem Kern, der uns warnend sagt: »Ich bin nicht explosiv, doch ich könnte es werden, so ihr mich nicht in Frieden lasst.«

Oft, wenn ich in meinem Sessel sitze, betrachte ich die beiden, sie stehen sich gegenüber, sehen sich an, und manchmal ist mir, als redeten sie miteinander in einer kosmischen Sprache, die wir nicht verstehen. Und immer wieder bin ich voll Staunen, wie sehr sie denen gleichen, die sie erdachten und mit ihren Händen schufen. Und darum fühle ich mich geborgen, weil ich weiß, wir können nie gänzlich einsam werden, so Werke uns umgeben und zu uns sprechen, obgleich die, welche sie schenkten, nicht leiblich anwesend sind – denn der Zauber wahrer Schöpfung hüllt uns ein.

Von Feuermännchen und Wassergeistlein

Rüste abendlich die Schale,
schütte Milch und brocke Brot
dem geheimen Volk zum Mahle,
geht es, ist die Hausung tot.

Horche nicht nach ihren Schritten,
geh sie nicht mit Worten an!
Niemals sind sie zu erbitten,
frei ist Gabe, Spruch und Bann.
Werner Bergengruen

Feuer und Wasser sind zwei »Elemente«, wie sie der Vater nannte. Ich wusste zwar damals noch nicht, was ein Element ist, aber das Wort klang so gewaltig in meinen Ohren, dass es mir einen tiefen Respekt einflößte. Dann brannte an einem Wintertag das Alte Schloss, dass die Flammen in den Himmel schlugen und die ganze Innenstadt in Rauch gehüllt war. Ein andermal riss ein Gewitterregen halbe Weinberge mit sich, dass die Rebstöcke in einer schmutzig-braunen Flut die steilen Straßen herunterschossen – da waren sie wieder, die Elemente – und ich fürchtete sie. Lag ich aber abends bäuchlings vor unserem Kachelofen und schaute durch das kleine Glimmerfenster den Flammen zu, dann sah ich ein wärmendes Feuerchen, das ich liebte.

Die Flämmlein hatten Gesichter. Sie lachten und streckten ihre feurigen Zungen heraus, oder sie drehten mir den Rücken zu und bleckten ihre glühenden Hinterteilchen. Am schönsten jedoch waren ihre Haare, in allen Farben leuchteten sie, gelb, orange, rot, weiß, ja manche gingen sogar ins Bläuliche. An solch einem Abend trat die Mutter ins Zimmer und meinte: »Na, schaust du den Feuermännchen zu.« »Sie sind schön, aber warum sind sie manchmal so böse, wie beim Alten Schloss?«

Nach einer Weile kam die Antwort: »Nur, wenn wir nicht auf sie achten und sie klein halten, dann werden sie böse, dann werden sie zur Feuersbrunst, wie beim Alten Schloss. Aber die hier«, sie deutete auf das Glimmerfenster, »die sind doch gut und wärmen dir die Nase. Aber nun ist's genug, meine Herrschaften, es ist Schlafenszeit.«

Mit diesen Worten öffnete sie die Ofentüre und legte ein in Zeitungspapier gewickeltes Brikett hinein. Sie tat dies so behutsam, wie man einem Kind die Decke über die Ohren zieht. Und richtig, ein Flämmlein nach dem andern legte sich gehorsam zur Ruhe und schlief in den nächsten Morgen hinein.

Von dem Tag an hatten die Flämmlein einen Namen und waren meine Freunde. So manchen Herbst- und Winterabend hab ich mit ihnen verbracht – und nicht nur mit ihnen.
Da gab es noch das andere Element, das Wasser. Abgesehen davon, dass Wasser noch viel kurzweiliger war als Feuer, barg auch Wasser geheimnisvolle Wesen. Hinter unserer Küchentüre, neben dem Herd, stand die Kartoffelkiste, und sie war mein liebster Sitzplatz, vor allem in den dunklen, kalten Monaten. Dort saß ich, sah der Mutter zu, wie sie werkte, oder hatte ein Buch auf den Knien. Es roch nach Gebackenem oder Gebratenem und die Luft erfüllte ein immerwährendes, feines Summen. Das kam aus dem alten, zerbeulten Wassertopf, der auf dem Herd stand. Irgendwann wollte ich wissen: »Was summt denn da?«
Und die Mutter antwortete: »Das sind die Wassergeistlein, die summen, wenn das Wasser warm wird, denn das haben sie gern. Je heißer es wird, umso lieber ist es ihnen, dann fangen sie an zu singen und zu tanzen.«

Das musste ich sehen, darum stieg ich auf einen Stuhl und hob vorsichtig den Topfdeckel. Und tatsächlich, da waren sie. Aus den Tiefen stiegen sie auf, winzige, durchsichtige Perlen, Hunderte, eine unübersehbare Menge. Sie hielten sich an den Händen, hüpften, tanzten und sangen dabei ein zartes, wundersames Lied. Ab und zu konnte eines seinen Übermut nicht bändigen, sprang über den Topfrand, verzischte auf der heißen Herdplatte und sein Wasserseelchen zerfloss vor meinen Augen. Stundenlang hätte ich ihrem Spiel zuschauen können, ohne mich im Geringsten zu langweilen. Noch heute kann ich keine Ofenglut sehen und kein siedendes Wasser hören, ohne die heimliche Freude zu empfinden, die mir die Feuermännchen und Wassergeistlein damals schenkten, diese Elementarwesen einer besonderen Art.

Die Mutter muss darum gewusst haben, wie wäre es sonst möglich gewesen, dass sie diese Wesen heimisch machte bei uns, obwohl wir zur Miete wohnten, keinen Garten besaßen, nur ein paar Blumentöpfe auf dem Balkon. Trotzdem waren wir umgeben von wisperndem, huschendem Leben. Sie sprach nie mit uns Kindern darüber, aber die Feuermännchen, die Wassergeistlein, der duftende Atem der Pflanzenwesen waren ein realer Bestandteil unserer Behausung, unseres Jahreslaufes, dass es keiner Worte, keiner Märchen bedurfte. Und das müssen sie wohl gespürt haben, diese zarten Unsichtbaren, sonst hätten sie es nicht bei uns ausgehalten, sie fühlten sich ernst genommen, angenommen, denn – dessen bin ich sicher – sie brauchen unsere Gegenwart, unsere Zuneigung, genau wie wir die ihre. Sie fühlten sich so sehr angenommen, dass sie getreu mit uns in eine andere Stadt zogen, in unser neues Häuschen. Und hier konnten sie sich endlich ausbreiten. Hier gab es heimelige Winkel, im Garten versteckte Gebüsche, hier war ein echtes Zuhause der freien Entfaltung.

Und sie statteten uns ihren Dank auf besondere Weise ab, sie luden ein Heimchen zu uns ein. Eines Tages im Herbst war es da. Es wohnte in der Diele und des Abends begann es zu geigen, sein silbernes Lied sang uns in den Schlaf. Dass es bei uns Wohnung genommen, empfanden wir als einen Segen, wir liebten es, obwohl wir es nie zu sehen bekamen. Bis eine putzwütige Tante es mit Scheuerlappen und Staubsauger vertrieb. Ich trauere noch heute, sooft ich daran denke. Es ist nie wiedergekommen, denn, wie heißt es doch in dem Gedicht von Bergengruen:

Horche nicht nach ihren Schritten,
geh sie nicht mit Worten an,
niemals sind sie zu erbitten,
frei ist Gabe, Spruch und Bann.

Die Feuermännchen und die Wassergeistlein sind bei uns geblieben, sicher dank der einfühlsamen Art der Mutter. Nie sah ich sie gewaltsam im Feuer herumstochern oder ungestüm einen Wassertopf entleeren, immer geschah es mit der nötigen Achtung vor den Elementen. Darum ist uns auch nie geschehen, was in dem alten Kinderlied beschrieben wird:

Das Feuerlein brannte die ganze Nacht,
da ward ihm so müde zumut,
es schlüpfte rasch unter die Asche sacht,
wer weiß, wie wohl das tut?
»Halli, hallo mein Feuerlein,
willst du nur nicht verschlafen sein!«

Und als der Tag ins Fenster kam,
da schalt das dumme Weib:
»Du böses Ding, du faules Ding«,
und knufft es in den Leib.
Das Feuerlein sprach:
»Ich bin nicht schlecht,
doch bin ich böse, dann bin ich's recht!«

Das nackte Feuerlein sprang heraus,
barfuß und ohne Hemd,
es hüpfte und lachte und sprang durchs Haus,
gar nirgends tat es fremd.
»Ach, Feuerlein, komm doch wieder her.«
»Nein, liebe Frau, so gefällt's mir sehr!«

Und als das Haus zu Asche fiel,
da schnalzt es mit der Hand.
»Kein Haus mehr und kein Besenstiel,
ich habe alles verbrannt.
Ich Feuerlein bin sonst nicht gemein,
doch will ich nicht gescholten sein.«

Auch ich knuffe kein Feuer, und Wasser ist für mich mehr als irgendeine Flüssigkeit, die aus dem Hahnen rinnt, denn einen Freund knufft man nicht, einen Freund achtet man in seiner Wesenheit. Die Feuermännchen und die Wassergeistlein sind Freunde geblieben bis heute – sie und alles unsichtbar Webende, Schwebende in Haus und Garten.

Das Mobile

Geschichten werden nicht erfunden,
sondern jedwedes Ding das wir zur Hand nehmen,
erzählt uns seine eigene Geschichte,
wir müssen nur stille sein und zuhören.

Was ein Mobile ist, weiß fast jeder, denn viele haben solch ein luftiges Ding von der Decke hängen. Man kann Mobiles kaufen, wunderschöne, und man kann sie selber machen, was den Vorteil hat, dass sie billiger sind – und zum andern, dass sie uns etwas erzählen, oft noch nach Jahren.

So eines tanzt in einem unserer Zimmer und es entstand, als bei unsern Kindern der Januarschnupfen einzog. Das grippelte und hustete, der Kopf tat weh und der Hals, kurzum, eine Zeit, in der eine fröhliche Abwechslung Not tat. Aus diesen Tagen stammen sie, die Eismännchen. Ihre kleinen Bäuche sind aus Kiefernzapfen, *Borzelkühle* heißen sie in meiner Heimat, *Hobbele* nennt man sie im Badischen.

Ein Tag steigt auf, ein Ferientag im Süden Frankreichs: Der Himmel spannt sich tiefblau, die Sonne brennt heiß auf den Weg und bringt den hellen Sand zum Glitzern. Langbeinige Spinnen und schwarze Waldameisen krabbeln um unsre Füße und die Kiefernzapfen krachen und knistern unter jedem Schritt. Mit leichtem Knall zerplatzen die reifen Schoten der Ginsterbüsche, von den Bäumen tropft das Harz, die ganze Luft ist erfüllt von diesem Duft und dem würzigen Geruch des wilden Thymians. Auf einem Stein sonnt sich eine Smaragdeidechse und wir klauben Zapfen, die schönsten, die wir finden können; wie kleine, ebenmäßige Quirle liegen sie in unserer Hand. Eine richtige Sammelwut ist ausgebrochen, wir füllen sie in unsere Taschen und in die Handtücher, denn wir kommen vom Baden im nahen Wasserfall, sein Rauschen tönt noch von Weitem. Die fernen Berge liegen im Dunst, von irgendwo her läuten die Glocken der Ziegenherden, über uns zieht ein Milan seine Kreise – und die Männlein tanzen und tanzen!

Die braunen, von der Sonne gedörrten Zäpflinge sind weiß gestrichen, damit sie winterlich aussehen, diese Kinder des Südens. Eine Tube Deckweiß musste dafür herhalten, der Vater hatte sie mir gegeben, es ist lange her und sie ist hart und trocken geworden in der Zeit. Der Vater mochte Deckweiß nicht, ich höre seine Stimme sagen: »Deckweiß, das ist keine Farbe, das ist Faulheit. Wer es benützt, der ist zu faul zum Mischen.«

Er war ein Farbenmensch, der Vater; ob er die Goethesche Farbenlehre je studiert hatte, weiß ich nicht, aber er trug sie in sich. Er gab mir die Tube dann doch, wenn auch ungern und unter Gebrumm. Nun habe ich sie für seine Enkel verwendet, in Wasser gelöst, er wird mir verzeihen, sie ist aufgebraucht, ich werde mir keine neue kaufen, denn sein Unwille ist heute gegenwärtiger, denn zu seinen Lebzeiten. – Und die weißen Männlein tanzen und tanzen!

Sie haben lachende Gesichter, aufgemalt auf weiße Fastnachtskugeln. Ein Kinderfasching zieht vorbei: Unser Haus ist bevölkert mit Cowboys, Indianern, Harlekins, getupften und gescheckten, mittendrin eine zierliche, rothaarige Prinzessin, umhüllt von einer hellblauen Wolke, ein Vorhang war über seine Ufer getreten und zum Ballkleid geworden – unser Junge, pausbäckig und zum Anbeißen niedlich, als Till Eulenspiegel, und über allem der Duft von frischgebackenen Krapfen. Zum Schluss hat die sparsame Mutter aus den Trümmern des Festes die Papierkugeln unter den Luftschlangen und Konfettihaufen aufgelesen, und da hängen sie nun und lächeln mir zu. Die Prinzessin ist verschwunden, sie ist längst eine junge Dame, der ein paar Jeans lieber sind als ein Ballkleid aus einem alten Vorhang – und aus dem niedlichen Eulenspiegelchen ist ein schlaksiger Bengel geworden, der Mühe hat, seine langen, dünnen Gliedmaßen ordentlich durch die Türe zu bringen. – Und die Männlein tanzen und tanzen.

Um ihren Hals ist ein Schal, besser gesagt, ein roter Wollfaden geschlungen. Die Großmutter schenkte mir den winzigen Knäuel, einen Rest, denn aus dem Übrigen hatte sie sich Pulswärmer gestrickt.

Wer kennt heute noch Pulswärmer? Man wohnt in vollklimatisierten Häusern, man braucht so etwas nicht mehr. Die Großmutter hatte sie noch nötig und besaß sie in verschiedenen Farben, immer zum Kleid passend. Aber sie war eben auch eine Großmutter mit einem aufgesteckten Zöpfchen am Hinterkopf und einer ewig rutschenden Brille. Sie besaß keine Puderdose und das Liften war ihr gänzlich unbekannt. Ihr Gesicht durchzogen unzählige Falten und ihre gichtigen Finger konnten aus Wolle die herrlichsten Dinge zaubern: Winzige Mützen, Handschuhe und Strümpfe für die Puppenecke. – Und die Männlein tanzen und tanzen.

Da schrillt das Telefon – ich schrecke aus meinen Träumen, stehe immer noch am selben Platz und schaue dem luftigen Ding über mir zu – wie lange schon? Nur den Bruchteil einer Stunde, aber was hat sich alles ereignet: Ich war im Süden Frankreichs, der Vater schaute mir über die Schulter, ich habe Kinderfasching gefeiert, meine Großmutter ging durchs Haus mit ihrem altersschweren Schritt – und die Männlein tanzen und tanzen.

Das Erleben

Verschlungen sind die Wege des Erlebens,
im Dunkeln magst du tastend sie durchstreifen,
doch nach Verstehen suchest du vergebens,
allein dein Geist wird sie im Licht begreifen.

Das Erleben ist ein Geschenk, ohne das wir arm wären, bettelarm. Es umspannt unser Leben von der Kindheit bis ins hohe Alter und es ist so vielfältig, dass wir es weder in eine Schublade zwängen noch in irgendeiner Weise fest benennen können. Erleben ist Leben im weitesten Sinne, gewoben aus Wirklichkeit und Phantasie, ein farbenfroher Teppich in unzähligen Mustern und Formen.
Wie es andern ergeht, weiß ich nicht, aber für mich ist Erleben meist verbunden mit den Menschen, die mich auf den Erlebniswegen begleiteten. Es ist nicht nur mit ihnen verbunden, es ist nie mehr ohne sie denkbar. Das Erleben ist eine Zauberkraft, die diese Menschen am Leben erhält und ihnen ewige Jugend beschert.

Da ist die Vaterstadt, geliebt und verehrt, die ich nicht durchstreifen kann, ohne dass die Mutter, die Tante, Vater, Onkel mich an der Hand nähmen, mich schattengleich durch finstere Verliese oder alte Torbogen geleiteten oder mit mir den wunderschönen, alten Tiergarten besuchen. Später waren es mein Mann und die Freunde – und auch sie sind stets gegenwärtig, ob ich im Dämmern von St. Lorenz oder St. Sebaldus sitze, in der lichtdurchfluteten Egidienkirche, ob ich von der Freiung über die Stadt schaue oder in einer der engen Gassen genüsslich ein Bratwürstl kaue – überall habe ich einen, zumeist aber mehrere Begleiter um mich und immer sind sie in Alter und Aussehen so, wie sie beim Erleben waren.
Nun könnte man denken, durch diese Zauberkraft seien wir der Einsamkeit enthoben, wären nie mehr allein, ganz gleich, wohin wir uns wenden. Aber so ist das nicht, so einfach und gerade verlaufen sie nicht, die Erlebniswege unseres Lebens. Denn da gibt es Erlebnisse, die fallen so tief in uns hinein, graben sich so unauslöschlich in unser Gedächtnis, in unsre Seelen, dass sie gegenwartsnah vor uns stehen, sobald sie aus der Erinnerung auftauchen – und ebenso tauchen die Menschen auf, die damals mit uns waren, ebenso gegenwartsnah und unauslöschlich. In jedem Leben gibt es solche Minuten, solche Stunden, heitere und ernste, welche voll Fröhlichkeit oder voll Trauer.

Es war vor Jahren, als wir an einem lauen Sommerabend zu viert vor den Trümmern der Frauenkirche in Dresden standen. Keiner von uns kannte diese Kirche in ihrer vollkommenen Schönheit anders als auf Bildern. Wir hatten schon viele Kirchen zusammen gesehen, hier aber wehte uns etwas an, redete zu uns aus den schwarzverkohlten Steinen, etwas, das weit über das Bisherige hinausging. Keiner sprach, schweigend verharrten wir, eingekeilt zwischen Fremden, ein kleines Eiland gleicher Gedanken; da sagte einer der Freunde leise, wie zu sich selbst: »Wenn die einmal wieder aufgebaut ist ...« Ich horchte den Worten nach und plötzlich wusste ich: Sollte je das Wunder geschehen und dieses Kleinod wieder erstehen – keine Ungeduld, kein Erlebnishunger könnte mich je dazu bringen, allein oder mit anderen hier zu sein, als mit diesen drei Menschen. Ich ertrüge es nicht, der Erlebnisverlust, der Schmerz wäre zu groß, warum also sollte ich mir das antun? Solch ein Erleben ist nur in gleichem Geiste, in gleicher Gemeinsamkeit wiederholbar, oder es ist überhaupt nicht wiederholbar.
Wenn es mir aber dennoch widerführe und ich alleine zurückkehrte, aus welchem Grund auch immer – was geschähe dann? Dann werde ich einen feinen Hauch neben mir spüren, denn die Einsamkeit ist zu mir getreten, ohne ein Wort, aber unerbittlich, und, so ich mich zu ihr wende, sieht sie mich an mit ihrem ei-

genartigen Blick, da greife ich nach ihrer Hand, um nicht ganz verloren zu sein. Irgendwann fällt ein schwaches Licht in meine Düsternis, und in seinem Schein sehe ich die Weggefährten von damals, gleich einem Schemen. Die Einsamkeit aber weicht nicht, sie bleibt beharrlich an meiner Seite.

Ähnlich, doch unbedingter, unerbittlicher verhält es sich mit dem vertanen Erleben – es ist verloren für alle Zeiten, und keine noch so starke Phantasiekraft wird es retten können. Entweder wir haben ein Erlebnis gemeinsam oder wir haben es getrennt, das heißt: allein. Hatten wir es aber allein, wird es uns nie mehr gemeinsam in selber Weise möglich sein, der erste, der prägende Eindruck ist verloren, unbeachtet, gedankenlos. Wir werden, so das Glück uns gnädig ist, vielleicht wiederholen können, aber was uns einstmals den Atem genommen, was uns stumm gemacht, wird nie mehr wiederkehren, ist versunken, die Gemeinsamkeit hat einen – wenn auch kaum spürbaren – Riss. Das Rad hat sich weiter gedreht. Die Indianer sagen dazu: »Du kannst nicht zweimal im selben Fluss baden.«
Und so ist das Erleben nicht nur ein Geschenk, sondern es ist auch eine Aufgabe zum Nachdenken, zum Aufeinanderzugehen, zum Hinhören, zum Hineinhören. Das Erleben ist eine Vorstufe zur

Freundschaft, ja vielleicht ist wahre Freundschaft gar nicht denkbar ohne immer wiederkehrendes gemeinsames Erleben. Sicher gibt es Stunden der Einsamkeit, die uns mit ihren Bildern und eigenen Geschehnissen nie wieder loslassen, aber, wenn sich unsere Augen in stillem Einverständnis in einer Sprache treffen, die keiner Worte bedarf, dann schwingen unsere Seelen in lautlosem Gleichklang und schlingen ein Band um Raum und Zeit.

Zu allem Beschriebenen, Erzählten, Erlebten brauchen wir die Phantasie. Sie gibt uns die freien Kräfte des Hinhörens, Hineinhörens in Erlebnisse, in Dinge, Pflanzen, Tiere und Menschen. Sie erschließt und breitet aus, und alles, was sie berührt, redet in Zungen. Sie öffnet auch unser Inneres, damit es weit wird, fließend, und nicht verschlossen bleibt in Enge und Dürftigkeit. Wir lernen unter ihrem Geleit imaginäre Bilder zu sehen, wortlose Sprachen zu hören und zu verstehen, und sie zeigt uns einen Reichtum, der in jedem von uns verborgen schlummert und der uns freimütig in die Hände fällt, wenn das Zauberwort gefunden, ihn zu erwecken. Ist das geschehen, so wird ein Gesang, ein Lied anheben, das uns in wundersamer Weise durch das Leben begleitet und nie wieder verstummt.

Edda Singrün-Zorn

Das Lied der Arve

Das Leben eines begnadeten Geigenbauers

213 Seiten, geb.

Mit sechs Jahren schnitzt Ambrosius Bartholomäus Schneehauser seine erste Flöte – und entdeckt seine Liebe zur Musik. Bald steht für ihn fest: Er möchte Geigenbauer werden! Und tatsächlich entwickelt er als junger Mann eine solche Meisterschaft, dass sein Name schon bald in aller Munde ist. Seine Wanderjahre führen ihn durch das halbe Europa, ehe er in zwei Weltkriegen unerträgliches Leid kennenlernt – aber auch den Menschen um ihn herum vorlebt, wie eine reine Seele dem Unrecht begegnen kann.

Das Lied der Arve ist weit mehr als die literarische Verarbeitung eines besonderen Lebens. Edda Singrün-Zorn gelingt es, in der Tradition von Eichendorff bis Hesse wurzelnd, den Leser in seelischen Tiefenschichten intensiv und nachhaltig zu berühren.

Edda Singrün-Zorn

Das Vermächtnis des Engels

Die Geschichte einer ungewöhnlichen Frau

238 Seiten, geb.

An einem lichten Septemberabend, irgendwann im 13. Jahrhundert, wird auf der Burg des Rosenritters ein Mädchen namens Libussa – »die Liebende« – geboren. Sie macht ihrem Namen alle Ehre, ist sie doch ein ganz besonderes und starkes Menschenkind, das alle, die mit ihr in Berührung kommen, verändert und verwandelt.

Wie bereits im *Lied der Arve* entfaltet Edda Singrün auch hier wieder ihre hohe Erzählkunst, die ihre Leser ab der ersten Seite unweigerlich gefangen nimmt und durch die Gipfel und Tiefen eines ungewöhnlichen Frauenlebens führt.

Der Roman einer großen liebenden Seele, eines besonderen Lebens und einer fernen Zeit, wunderschön und tief berührend.